El 1º libro de la Serie de
Discipulado *La Cruz*

I0163683

El Cruce

Primeros pasos en su caminar con Dios

Sherri Dalton, D. Th.

MISSIO GLOBAL

El Cruce - Primeros Pasos en su Caminar con Dios

Título Original: *CrossWalk – First Steps in Your Walk with God*

El 1er libro de la serie "La Cruz" de materiales de entrenamiento para el discipulado.

Por Sherri Dalton
Traducción: Nicolle Magalhães
Copyright © 2021 Missio Global Ministries, Inc.

Missio Global Publishing
1067 N. 21st St.
Unidad 220
Newark, OH 43055

ISBN 13: 978-1-7361515-3-2

Todos los versículos se utilizan de la Santa Biblia, Nueva Versión Internacional, NVI, Copyright © 2000 de la Sociedad Bíblica Internacional.

Escuela Ministerial Missio Global

Este material se utiliza junto a la Escuela Ministerial Missio Global, una asociación entre la Missio Global e iglesias de todo el mundo. Esta escuela es un valioso programa de capacitación de uno o tres años que las iglesias pueden usar para equipar a su congregación y desarrollar líderes emergentes.

Para obtener información sobre cómo su iglesia puede implementar una Escuela Ministérial Missio Global, visite **www.missioglobal.org**

Dedicación

A mi amado esposo, Scott, mi mayor apoyo.
¡Me encanta caminar contigo en esta jornada de Dios!

Agradecimientos

Muchas gracias al fundador de Missio Global,
J. Lee Simmons. Has sido un mentor increíble.
Gracias por creer en nosotros.

Agradezco a Judah Davis por su contribución y edición de este libro.
Además, agradezco a Nicolle Magalhães por la traducción
y edición en español.

La Serie de Discipulado
"La Cruz"

La serie de libros *La Cruz* es para el crecimiento cristiano centrado en el discipulado y las primeras etapas del desarrollo del liderazgo. El material se utiliza mejor en relaciones de tutoría individuales o en grupos pequeños. La Serie *La Cruz* está diseñada como un camino de crecimiento que conduce a la Escuela Ministerial Missio Global basada en la iglesia. También se puede utilizar como valioso material de preparación para el discipulado cristiano en general.

El Cruce
Primeros pasos en su caminar con Dios
Para los nuevos cristianos o aquellos que desean profundizar su caminar con Dios.

Fuego Cruzado
Una nueva manera de vivir (Libros 1 y 2)
Se enfoca en transformar nuestros valores para aquellos que siguen los principios bíblicos, lo que resulta en una nueva y poderosa forma de vivir!

Cross Fit (Entrenamiento Cruzado)
Futuros títulos por venir!

Índice

Prefacio

Mi esposo y yo hemos sido misioneros durante muchos años, por lo que viajar se ha convertido en una parte aceptada de nuestras vidas. Viajamos en avion, carro, autobús y tren en los Estados Unidos, Brasil y el extranjero. Tuvimos retrasos, vuelos cancelados, pinchazos e incluso un coche robado. Ya hemos tenido que cancelar o aplazar un viaje, pero nunca dejamos de llegar a casa.

Caminar con Dios es un viaje. A veces, nos demoramos, llegamos tarde o incluso cancelamos planes. Pero la meta de Dios es llegar a casa con Él. Hebreos 12: 1 dice: "Por tanto, también nosotros, que estamos rodeados de una multitud tan grande de testigos, despojémonos del lastre que nos estorba, en especial del pecado que nos asedia, y corramos con perseverancia la carrera que tenemos por delante".

Mi oración es que este estudio le ayude en ese maravilloso viaje con Jesús, o le permita guiar a alguien más en ese viaje. Con este estudio, quiero que cada seguidor de Cristo comience bien para asegurar una excelente caminata. Puede haber calles difíciles en el camino, pero con Jesús a tu lado, llegarás a tu destino. Su viaje para cumplir con su vocación se completa después de varias etapas. Aprecia al máximo los pasos que aquí se presentan.

Sherri Dalton
Enero, 2021

Como usar
El Cruce

Este estudio es mejor utilizado como una herramienta de discipulado entre un cristiano más maduro y un recién convertido o un pequeño grupo de nuevos cristianos. Cada capítulo (Paso) debe estudiarse semanalmente, durante seis semanas. Esto ayudará al nuevo convertido a comenzar a ser parte de una comunidad de creyentes (la iglesia) y para desarrollar su relacionamiento con Dios. Cada capítulo incluye un breve estudio bíblico sobre un tema y hay preguntas que responder. El evangelio de Juan también debe leerse a lo largo de este estudio. Si el discípulo termina el libro de Juan, puede leer el libro de 1 Juan.

Cada persona que use este estudio, ya sea un nuevo cristiano o más maduro en la fe, debe responder preguntas antes del encuentro. Durante el encuentro, que debería durar al menos una hora, cada uno debe compartir sus propias experiencias en su caminar con Jesús. Al final de cada capítulo, hay aplicaciones y "próximos pasos" que se llevarán a cabo durante la semana hasta la próxima reunión. Comience leyendo un capítulo del evangelio de Juan cinco días a la semana y una oración durante cinco minutos. Se agregan otras actividades cada semana para desarrollar disciplinas espirituales para el crecimiento. Las respuestas a cada pregunta del estudio se encuentran al final de este libro. Cada encuentro siempre termina con una oración. Pregúntele al discípulo cómo puede orar por él. Tu modelo te enseñará a orar.

Si está guiando a alguien a través de este estudio, primero lea todo el material para familiarizarse con su contenido. Haz el estudio personal. Comparta ejemplos e historias de su propia vida mientras lleva a un discípulo a una relación más profunda con Jesús. Además, practica las disciplinas cada semana. Comparta lo que Dios le está enseñando durante este tiempo de estudio con esa persona. El discipulado, como la salvación, tiene que ver con relacionamiento, con Dios y entre nosotros. Disfruten esta jornada juntos, para que ambos lleguen a conocer a Dios en un nivel más profundo.

Introducción

¡Estamos muy contentos de que hayas hecho el compromiso de completar *El Cruce!* Esto proporcionará un gran impulso en su crecimiento en Dios. Lo mejor es leer el libro con un cristiano experimentado, porque su relación con Dios siempre debe vivirse en comunidad con otros creyentes. A medida que estudies este libro, crecerás a medida que te involucres en las disciplinas espirituales presentadas.

A medida que avanzas en tu viaje, rodéate de personas que puedan ayudarte a crecer en tu conocimiento y amor por Dios. La mejor manera de hacer esto es ser miembro de una buena **iglesia cristiana local** que se mantenga firme en las verdades de la Biblia. Esto le ayudará a crecer espiritualmente *y a "y ponerse el ropaje de la nueva naturaleza, creada a imagen de Dios, en verdadera justicia y santidad."* (Efesios 4:24). Caminar con Jesús significa cambiar de tus viejas formas de pensar y viejos comportamientos a desarrollar nuevas actitudes y comportamientos que glorifiquen a Dios. Dios nunca tuvo la intención de que caminaras solo, sino que viajaras con otros seguidores de Cristo, que piensan de la misma manera, a través de la iglesia local.

Otro paso importante que te llevará hacia adelante en tu caminar con Dios es **el bautismo en las aguas.** El bautismo no te salva, sino que viene después de la salvación como una declaración pública de poner tu fe en un Salvador crucificado, sepultado y resucitado. Así como Jesús murió, fue sepultado y luego resucitó, el bautismo simboliza tu muerte al pecado, el entierro de tu vieja vida (cuando estás sumergido en agua) y tu resurrección a una nueva vida en Cristo (cuando eres levantado del agua). Por esta razón, el bautismo, como se ve en la Biblia, siempre se ha hecho por inmersión (para ser cubierto con agua). Hable con alguien en su iglesia acerca de ser bautizado. Es posible que tengan una lección u orientación que usted debe completar primero. Asegúrese de averiguar cuáles son los requisitos necesarios para que usted dé este paso importante en su caminar con Jesús. Romanos 6:3-5 y Colosenses 2:11-12 son buenas referencias para aprender más sobre el bautismo.

Disfrute de este viaje de una vida con Jesús y con su iglesia. Seguir a Jesús significa que has sido liberado del poder del pecado, la vergüenza y la muerte, y que has hecho vivo por Dios. Jesús promete nunca dejarte, y te ha dado su Espíritu Santo para vivir dentro de ti, corregirte, darte entendimiento y guiarte en tu viaje. ¡En tiempos buenos o difíciles, nunca te arrepentirás de confiar en Jesús como tu compañero por toda la vida!

Paso 1

Caminando con Dios
Entendiendo la Salvación

PRIMEROS PENSAMIENTOS

¡Felicitaciones! Entregar su vida a Dios y caminar con Él es la decisión más importante de su vida. Cuando nos arrepentimos de nuestros pecados y recibimos a Jesús como el Hijo de Dios, quien murió por nuestros pecados, somos salvos del pecado, del castigo y de la separación eterna de Dios. Dios lo llama salvación. ¡Hemos pasado de ser un pecador a ser un hijo de Dios y nuestra jornada de caminar con Dios comienza ahora! Merecemos la muerte por nuestro pecado, pero Jesús tomó la condenación por nosotros. Con la salvación, Dios no solo nos llama hijo, sino que también nos da vida eterna. ¡Quiere que nos quedemos con Él para siempre!

Cuando creemos en Jesús, recibimos la vida eterna. Después de morir físicamente, nuestro espíritu vive para siempre con Dios en el cielo. Pero, ¿qué pasa ahora en esta nueva vida? ¿Qué significa ser cristiano y vivir una vida dedicada a Cristo? ¿Es simplemente ir a la iglesia, leer la Biblia o ser una buena persona? Cristiano significa literalmente "seguidor de Cristo". Dios quiere que crezcamos en nuestro conocimiento de quién es Él y qué es lo correcto, a través de la lectura de la Biblia, la oración y el discipulado. Él quiere que crezcamos en las relaciones con otros creyentes al participar en una iglesia local, nuestra nueva familia espiritual.

Sin embargo, hacer estas cosas no nos salva. Ser cristiano no es seguir normas y reglamentos o realizar rituales. La única forma de recibir la salvación y tener vida eterna es poner nuestra fe en Jesús, quien murió por nuestros pecados, tomando el castigo que merecíamos. Dios nos llama a hacer cosas que nos ayudarán a crecer en nuestro amor y conocimiento de Dios. Vivir una vida dedicada a Cristo significa obedecer sus enseñanzas, como se encuentran en la Biblia. Ir a la iglesia, leer la Biblia y obedecer a

Dios es el resultado de seguir a Jesús y vivir en intimidad con él.

UNA MIRADA A LA PALABRA

1. Marcos 1:14-15 - "Después de que encarcelaron a Juan, Jesús se fue a Galilea a anunciar las buenas nuevas de Dios. ¹⁵ —Se ha cumplido el tiempo —decía—. El Reino de Dios está cerca. ¡Arrepiéntanse y crean las buenas nuevas!"

¿Qué le dijo Jesús a la gente que hiciera? _____

_____

Otra forma de decir esto es: Jesús entró en Galilea, proclamando las buenas nuevas de Dios y diciendo: – **¡Por fin ha llegado el momento! Ya que el reino de Dios está a su alcance, cambie su propósito, piense de manera difere**nte y crea en las buenas nuevas.

2. 1 Juan 5:11-13 - "Y el testimonio es este: que Dios nos ha dado vida eterna, y esa vida está en su Hijo. ¹² El que tiene al Hijo, tiene la vida; el que no tiene al Hijo de Dios no tiene la vida. ¹³ Les escribo estas cosas a ustedes, que creen en el nombre del Hijo de Dios, para que sepan que tienen vida eterna".

¿Quién nos da la vida eterna? _____

¿Dónde encontramos la vida? _____

¿Quién tiene la vida? _____

¿Quién no tiene vida eterna? _____

"Les escribo estas cosas a ustedes, que creen en el nombre del Hijo de Dios, para que _____ que tienen vida eterna".

¿Cómo puede saber claramente que tiene vida eterna? _____

_____

3. Romanos 3:23 - "Pues todos han pecado y están privados de la gloria de Dios".

Dios es perfecto y lleno de gloria. ¿Hay alguien sin pecado y perfecto como Dios? _____

4. Romanos 6:23 - "Porque la paga del pecado es muerte, mientras que la dádiva de Dios es vida eterna en Cristo Jesús, nuestro Señor".

¿Cuál es la paga que recibimos por el pecado? _____

¿Qué es la dádiva gratuita de Dios y a través de quién la recibimos?

_____

_____

5. Romanos 10:9b-10 - "Si confiesas con tu boca que Jesús es el Señor y crees en tu corazón que Dios lo levantó de entre los muertos, serás salvo. [10] Porque con el corazón se cree para ser justificado, pero con la boca se confiesa para ser salvo".

¿Cuáles son las dos cosas que debes hacer para estar a salvo? _____

_____

_____

¿Por qué crees que los dos son importantes? _____

_____

_____

_____

6. Efesios 2:8-9 - "Porque por gracia ustedes han sido salvados mediante la fe; esto no procede de ustedes, sino es el regalo de Dios; [9] no por obras, para que nadie se jacte".

A través de la fe, eres salvo por _____

¿Quién hizo esto, Dios o tú? _____

Gracia significa el favor inmerecido de Dios para nosotros. En otras palabras, no es el resultado de sus buenas obras. ¿Por qué?

_____

_____

7. Hechos 26:18-20 - "Pablo le dice al rey Agripa (un rey romano por quien está tratando de ministrar) que Dios lo envió a los gentiles, –para que les abran los ojos y se conviertan de las tinieblas a la luz, y del poder de Satanás a Dios, a fin de que, por la fe en mí (Dios), reciban el perdón de los pecados y la herencia entre los santificados. [19] Así que, rey Agripa, no fui desobediente a esa visión celestial. [20] Al contrario, comenzando con los que estaban en Damasco, siguiendo con los que estaban en Jerusalén y en toda Judea y luego con los gentiles, a todos les prediqué que se arrepintieran y se convirtieran a Dios, y que demostraran su arrepentimiento con sus buenas obras". (Paréntesis agregados).

Pablo dice que la gente se convertiría de _____

a _____ y de _____ a

_____ para poder recibir el perdón de los pecados.

Al final de este pasaje, Pablo le dice a la gente que deben hacer tres cosas, que son: _____

_____

8. 1 Juan 3:9 - "Ninguno que haya nacido de Dios practica el pecado, porque la semilla de Dios permanece en él; no puede practicar el pecado, porque ha nacido de Dios".

¿Quién no practica el pecado? ¿Por qué? _____

_____

_____

APLICACIÓN

De acuerdo con los versículos que leíste, somos salvos cuando creemos en Jesucristo por fe, nos arrepentimos de nuestros pecados y confesamos a Jesús como nuestro Señor. El arrepentimiento significa pensar de manera diferente, reconsiderar o cambiar de dirección. El arrepentimiento por nuestros pecados nos permite ver las cosas de manera diferente y, como resultado, hacer las cosas de manera diferente. Las enseñanzas de Jesús explican cuáles son las cosas correctas que se deben hacer. Somos aprendices y seguidores de Jesús. Como seres humanos, volveremos a pecar. De hecho, por el resto de nuestras vidas, continuamos aprendiendo qué es pecaminoso y lo que no es. Pero, como hijos de Dios, recibimos un corazón nuevo y no perseguimos el pecado porque amamos a Dios. Cuando lo hacemos, Él nos llama a arrepentirnos (pensar de manera diferente), recibir Su perdón y continuar siguiéndolo.

Es importante entender que la fuerza para cambiar nuestras vidas proviene de Dios. La salvación no es algo que podamos obtener a través de buenas obras, sino confiando en Jesús. Hacemos buenas obras porque amamos a Jesús. ¡Podemos saber, sin duda, que somos salvos porque tenemos a Dios viviendo en nuestro corazón y enseñándonos a vivir! Las buenas obras son una señal de que somos una "nueva persona", el resultado de la salvación, y que ¡Dios vive en nuestros corazones!

Sí, sé que soy salvo y tengo vida eterna. _____
No, no estoy seguro de ser salvo y tener vida eterna. _____

En su opinión, ¿cuál es la diferencia entre sentir remordimiento por sus pecados y arrepentirse de sus pecados?

_____

_____

_____

_____

_____

PRÓXIMOS PASOS

Lectura de la Biblia para esta semana

Juan 1 a 5. Intente leer un capítulo al día durante cinco días por semana del evangelio de Juan. Juan tiene 21 capítulos, así que terminarás el libro en un mes. Preste atención a quién habla Jesús y qué enseña. ¿Cuáles son las respuestas de diferentes personas? Utilice las siguientes preguntas (OIA) mientras piensa y medita sobre lo que lee.

Observación

¿Qué dice? (Responda preguntas como: ¿Quién está involucrado en la historia? ¿Qué está sucediendo? ¿Dónde se lleva a cabo la historia o la enseñanza: en una ciudad, junto al lago, en el desierto? ¿Qué piensan o sienten las personas? Jesús está enseñando a través de una parábola, usando las escrituras o respondiendo una pregunta que alguien hizo? ¿Está enseñando a sus 12 discípulos, multitudes, líderes religiosos? ¿Qué tipo de milagros han ocurrido y por qué?)

Interpretación

¿Qué significa? (Responda preguntas como: ¿Cómo interpretaron esas observaciones por Jesús, los presentes o los lectores de la época? Recuerde esta regla de interpretación: las Escrituras no pueden significar para nosotros hoy lo que nunca significaron para las personas en el primer siglo).

Aplicación

¿Qué significa esto *para mí*? (Responda preguntas como: ¿Cómo puede aplicar esto a su vida, circunstancias u otras personas?) Escriba lo que ha aprendido de Dios o acerca de Dios.

Oración

Hable 5 minutos al día durante esta semana. Simplemente hable con Dios como si fueras un amigo cercano. Dele las gracias por su nueva vida, pídale que lo guíe durante el día, ore por sus necesidades y pídale que bendiga a las personas que lo rodean. (Aprenderás más sobre la oración en el Paso 4).

Paso 2

Caminando con Jesús
Entendiendo el Evangelio

PRIMEROS PENSAMIENTOS

Jesús es el Hijo eterno de Dios que existió como Dios antes de la creación. Él, Dios Padre y el Espíritu Santo existían juntos como Señor. Juntos, son un Dios en tres personas diferentes. A esto lo llamamos Trinidad o Santa Trinidad.

Dios le prometió a la nación judía un Mesías (el ungido) y un rey que salvaría y reinaría para siempre. También prometió enviar una bendición al resto del mundo para su salvación. Jesús es el Mesías (el ungido) que Dios envió para salvar al mundo del pecado, la muerte y el castigo eterno. Jesús significa "Dios rescata" o "Dios salva". La palabra Cristo es la palabra griega usada en el Nuevo Testamento, que significa el ungido.

El mensaje de salvación de Dios se llama "buenas nuevas". El evangelio es la buena noticia de que Jesús murió y resucitó de entre los muertos para salvarnos del castigo del pecado y darnos la vida eterna. Jesús vino la primera vez como siervo y salvador. Ahora se sienta como un rey a la diestra de Dios. Cuando regrese de nuevo, vendrá como rey para reinar en la tierra. Es importante saber lo que nos dice el Nuevo Testamento sobre Jesús, el divino y eterno hijo de Dios. Jesús es el Hijo de Dios y Dios el Hijo.

UNA MIRADA A LA PALABRA

1. Colosenses 1:15-22 - "Él es la imagen del Dios invisible, el primogénito de toda creación, [16] porque por medio de él fueron creadas todas las cosas, en el cielo y en la tierra, visibles e invisibles, sean tronos, poderes, principados o autoridades: todo ha sido creado por medio de él y para él. [17] Él es anterior a todas las cosas, que por medio de él forman un todo coherente. [18] Él es la cabeza del cuerpo, que es la iglesia. Él es el principio y el primogénito de la resurrección, para ser en todo el primero. [19] Porque a Dios le agradó habitar en él con toda su plenitud, [20] y por medio de él, reconciliar consigo todas las cosas, tanto las que están en la tierra como las que están en el cielo, haciendo la paz mediante la sangre que derramó en la cruz. [21] En otro tiempo ustedes, por su actitud y sus malas acciones, estaban alejados de Dios y eran enemigos. [22] Pero ahora Dios, a fin de presentarlos santos, intachables e irreprochables delante de él, los ha reconciliado en el cuerpo mortal de Cristo mediante muerte".

Según los versículos 15-18, ¿quién es Jesús? _____

_____

_____

_____

_____

¿Qué fue creado por Él? (vs. 16) _____

_____

_____

¿Qué habita en Jesús? (vs. 19) _____

_____

¿Qué se hizo a través de Jesús? (vs. 20) _____

_____

_____

Antes de conocer a Jesús, ¿quiénes éramos y qué hicimos? (vs. 21) _____

_____

_____

¿Jesús nos reconcilió en Su cuerpo de carne con Su muerte para hacer qué? (vs. 22) _____

_____

Según este pasaje en Colosenses 1, Jesús es Dios. Jesús reconcilió, a través de Su muerte, a aquellos que eran enemigos e hicieron malas obras, para hacerlos santos (perfectos en todos los sentidos), irreprensibles (ya no se los responsabiliza por ningún pecado) y libres de acusaciones (nada que criticar) ante Dios.

¿Cómo te sientes cuando sabes que Dios ahora te ve como santo, intachable y por encima de la censura?

_____

_____

2. Filipenses 2:3-11 - "No hagan nada por egoísmo o vanidad, más bien, con humildad consideren a los demás como superiores a ustedes mismos. ⁴ Cada uno debe velar no solo por sus propios intereses, sino también por los intereses de los demás. ⁵ La actitud de ustedes debe ser como la de Cristo Jesús, ⁶ quien, siendo por naturaleza Dios, no consideró el ser igual a Dios como algo a qué aferrarse. ⁷ Por el contrario, se rebajó voluntariamente, tomando la naturaleza de siervo y haciéndose semejante a los seres humanos. ⁸ Y, al manifestarse como hombre, se humilló a sí mismo y se hizo obediente hasta la muerte, ¡y muerte de cruz! ⁹ Por eso Dios lo exaltó hasta lo sumo y le otorgó el nombre que está sobre todo nombre, ¹⁰ para que ante el nombre de Jesús se doble toda rodilla en el cielo y en la tierra y debajo de la tierra, ¹¹ y toda lengua confiese que Jesucristo es el Señor, para gloria de Dios Padre".

Si caminas con humildad, ¿qué harás por los demás? (versículos 3-4)

_____

_____

_____

¿Cómo mostró Jesús Su humildad? (versículos 6-8) _____

_____

_____

_____

_____

Como resultado de la humildad de Jesús, ¿qué hizo Dios por él? (versículos 9-11) _____

_____

_____

APLICACIÓN

Como descubrimos en el Paso 1 la semana pasada, debemos aprender a pensar de manera diferente siguiendo a Jesús. Ahora, Dios quiere que consideremos a los demás como más significativos (importantes) que nosotros y que veamos los intereses de los demás, así como los nuestros. Tener esta actitud de humildad nos ayudará a pensar como Jesús, que dejó de lado su existencia celestial para vivir como ser humano con todas sus limitaciones. Luego fue aún más lejos, volviéndose obediente hasta la muerte en una cruz humillante. Debido a su humildad y obediencia, Dios lo exaltó al lugar más alto (Mateo 23:12). Y Jesús prometió que aquellos que se humillan a sí mismos serán exaltados. ¿Puedes confiar en Dios al renunciar a tu reputación como lo hizo Jesús?

¿Cuáles son las áreas en las que puede humillarse, considerando a los demás como más importantes? _____

_____

_____

_____

_____

_____

PRÓXIMOS PASOS

Lectura de la Biblia para esta semana

Juan 6 a 10. Lea un capítulo al día durante 5 días a la semana. Preste atención a quién habla Jesús y qué enseña. ¿Cuáles son las respuestas de diferentes personas? Utilice las siguientes preguntas (OIA) mientras piensa y medita sobre lo que lee.

Observación

¿Qué dice? (Responda preguntas como: ¿Quién está involucrado en la historia? ¿Qué está sucediendo? ¿Dónde se lleva a cabo la historia o la enseñanza: en una ciudad, junto al lago, ¿en el desierto? Jesús está enseñando a través de una parábola, usando las Escrituras o respondiendo una pregunta. ¿alguien preguntó? ¿Está enseñando a sus 12 discípulos, multitudes, líderes religiosos? ¿Qué tipo de milagros ocurrieron y por qué?)

Interpretación

¿Qué significa eso? (Responda preguntas como: ¿Cómo interpretaron estas observaciones Jesús, las personas presentes o los lectores en ese momento? Recuerde esta regla de interpretación: las Escrituras no pueden significar para nosotros hoy lo que nunca significaron para las personas en el primer siglo).

Aplicación

¿Qué significa esto para mí? (Responda preguntas como: ¿Cómo puede aplicar esto a su vida, circunstancias u otras personas?) Escriba lo que ha aprendido de Dios o acerca de Dios.

Oración

Hable 5 minutos al día durante esta semana. Simplemente hable con Dios como si fueras un amigo cercano. Dele las gracias por su nueva vida, pídale que lo guíe durante el día, ore por sus necesidades y pídale que bendiga a las personas que lo rodean. (Aprenderás más sobre la oración en la lección 4).

Haga una lista de tres personas por las que orará para conocer a Jesús. Ore para tener la oportunidad de compartir su historia sobre el encuentro con Jesús con ellos.

Paso 3

Caminando en la Palabra
Conociendo a Dios a través de la Biblia

PRIMEROS PENSAMIENTOS

Lo que Dios llama "Sus mensajes" para nosotros es "su palabra". Una de las mejores formas de conocer a Dios y cómo Él espera que vivamos en este mundo es leer Su palabra, la Biblia. ¿Cómo sabemos cómo es Dios? La Biblia nos dice que Dios es santo, justo, amoroso, misericordioso y muchas otras cosas. Dios quiere que seamos como Él. En la Biblia, aprendemos quién es Él y cómo quiere que vivamos en una relación con Él y con los demás.

Aquí hay información básica de la Biblia:

- La Biblia es una colección de mensajes de Dios para su pueblo, entregados a sus siervos, quienes escribieron los mensajes de Dios y los transmitieron a todas las generaciones.
- Hay 66 libros en la Biblia, 39 en el Antiguo Testamento y 27 en el Nuevo Testamento.
- El Antiguo Testamento fue escrito originalmente en hebreo y arameo; el Nuevo Testamento fue escrito originalmente en griego.
- La Biblia fue escrita bajo la inspiración del Espíritu Santo durante un período de aproximadamente 2,000 años (el libro más antiguo, Job, fue escrito hace aproximadamente 4,000 años) por más de 40 autores diferentes, de diversos orígenes: pastores, agricultores, fabricantes de tiendas y pescadores, a hombres educados como médicos, sacerdotes, filósofos y reyes.
- A pesar de los muchos años que tomó escribir la Biblia, y los diversos antecedentes de sus autores y culturas, es un libro increíblemente cohesivo y unificado.

UNA MIRADA A LA PALABRA

1. Hebreos 4:12 - "Ciertamente, la palabra de Dios es viva y poderosa, y más cortante que cualquier espada de dos filos. Penetra hasta lo más profundo del alma y del espíritu, hasta la médula de los huesos, y juzga los pensamientos y las intenciones del corazón".

¿Cuáles son las dos primeras palabras que describen la palabra de Dios?

_____

_____

"Es más cortante que cualquier espada". ¿Qué hace una espada? ¿Qué hace la palabra de Dios? _____

_____

_____

Este versículo es una explicación práctica de cómo la palabra de Dios puede distinguir entre lo piadoso y el impío, lo bueno y lo malo, incluso dentro de nuestra propia mente y corazón. Es una herramienta poderosa para determinar qué es piadoso e impío en nuestra sociedad, pero también puede penetrar en nuestro ser interior y revelar nuestros propios pecados, motivaciones equivocadas, pensamientos lujuriosos y egoísmo.

2. Salmo 119:105 - "Tu palabra es una lámpara a mis pies; es una luz en mi sendero".

Cuando recorres por un camino oscuro, ¿qué hará una lámpara por ti? ¿Cómo puede la palabra de Dios hacer esto por ti? _____

_____

_____

3. Salmo 119:130 - "La exposición de tus palabras nos da luz, y da entendimiento al sencillo".

¿Qué efecto tiene la palabra de Dios en nosotros? _____

_____

_____

4. Salmo 119:133 - "Guía mis pasos conforme a tu promesa; no dejes que me domine la iniquidad".

¿Qué pasará en nuestras vidas cuando sigamos la palabra de Dios?

_____

_____

5. Salmo 119:160 - "La suma de tus palabras es la verdad; tus rectos juicios permanecen para siempre".

¿Qué palabras describen aquí la palabra de Dios? ¿Qué significa esto para ti? _____

_____

_____

6. Isaías 40:8 - "La hierba se seca y las flores se marchita, pero la palabra de nuestro Dios permanece para siempre".

¿Qué pasa con las cosas terrenales, como la hierba y las flores? ¿Cómo es la palabra de Dios? ¿Cómo te hace sentir eso? _____

_____

_____

_____

7. Isaías 55:10-11 - "Así como la lluvia y la nieve descienden del cielo, y no vuelven allá sin regar antes la tierra y hacerla fecundar y germinar para que dé semilla al que siembra y pan al que come, [11] así es también la palabra que sale de mi boca: No volverá a mí vacía, sino que hará lo que yo deseo y cumplirá con mis propósitos".

¿Qué hace la palabra de Dios? _____

_____

_____

8. Mateo 4:4 - "Jesús respondió: —Escrito está: No solo de pan vive el hombre, sino de toda palabra que sale de la boca de Dios.

Nuestras vidas deben ser sustentadas no apenas por la comida pero ¿con

qué más? _____

_____

9. Lucas 11:28 - "—Dichosos más bien — contestó Jesús — los que oyen la palabra de Dios y la obedecen".

Según este versículo, ¿cuáles son las dos cosas que alguien debe hacer para

ser bendecido? _____

_____

_____

APLICACIÓN

De acuerdo con los versículos de este paso, ¿cuáles son algunas de las cosas que la lectura de la Biblia hace por usted? ¿Cuál fue el verso que más te impactó? ¿Cómo aplicará las verdades en su vida la próxima semana?

_____

_____

_____

_____

_____

_____

_____

PRÓXIMOS PASOS

Lectura de la Biblia para esta semana

Juan 11 a 15. Lea un capítulo al día durante 5 días a la semana. Utilice las siguientes preguntas (OIA) mientras piensa y medita sobre lo que lee.

Observación

¿Qué dice? (Responda preguntas como: ¿Quién está involucrado en la historia? ¿Qué está sucediendo? ¿Dónde se lleva a cabo la historia o la enseñanza: en una ciudad, junto al lago, en el desierto? Jesús está enseñando a través de una parábola, usando las Escrituras o respondiendo una pregunta. alguien preguntó? ¿Está enseñando a sus 12 discípulos, multitudes, líderes religiosos? ¿Qué tipo de milagros ocurrieron y por qué?)

Interpretación

¿Qué significa esto? (Responda preguntas como: ¿cómo fueron interpretadas estas observaciones por Jesús, las personas presentes o por los lectores en ese momento? Recuerde esta regla de interpretación: las Escrituras no pueden significar para nosotros hoy lo que nunca significaron para las personas en el primer siglo).

Aplicación

¿Qué significa esto para mí? (Responda preguntas como: ¿Cómo puede aplicar esto a su vida, circunstancias u otras personas?) Escriba lo que ha aprendido de Dios o acerca de Dios.

El fin de semana, lea el Salmo 146. Según este Salmo, ¿qué hace Dios por quienes confían en Él?

Oración

Hable 5 minutos al día durante esta semana. Simplemente hable con Dios como si fueras un amigo cercano. Dele las gracias por su nueva vida, pídale que lo guíe durante el día, ore por sus necesidades y pídale que bendiga a las personas que lo rodean. (Aprenderá más sobre la oración en la lección 4).

Siga orando por las tres personas que enumeró en el Paso 2 para que conozcan a Jesús. Ore para tener la oportunidad de compartir su historia de cómo conoció a Jesús con ellos.

Paso 4

Caminar en Oración
Conversando y Escuchando a Dios

PRIMEROS PENSAMIENTOS

¡Dios quiere que usted lo conozca! Podemos conocer a Dios a través de las Escrituras, pero también podemos conocerlo a través de la oración. La oración es simplemente una conversación con Dios. Podemos hablar con Él como si estuviéramos hablando con un buen amigo, compartiendo su dolor, alegría, deseos y necesidades. Caminar con Dios es una relación viva e íntima con Él. No solo debemos hablar con Él, sino que también debemos escucharlo.

Así como debemos disciplinarnos para escuchar a la gente, debemos disciplinarnos para escuchar a Dios. Dios habla a las personas de diferentes maneras, dependiendo de sus personalidades, dones y experiencias de vida. Pero podemos estar seguros de que Dios quiere escucharnos y hablarnos. Quiere hacernos como lo hace con Su hijo Jesús, y eso solo sucede cuando estamos cerca de Él en oración, leyendo la Biblia, creyendo y obedeciendo.

UNA MIRADA A LA PALABRA

1. Éxodo 33:11a - "Y hablaba el Señor con Moisés cara a cara, como quien habla con un amigo".

¿Cómo le habló Dios a Moisés? _____

_____

2. Salmo 66:17-20 - "Clamé a él con mi boca; lo alabaré con mi lengua. ¹⁸ Si en mi corazón hubiera yo abrigado maldad, el Señor no me habría escuchado; ¹⁹ pero Dios sí me ha escuchado, ha atendido a la voz de mi oración. **²⁰** ¡Bendito sea Dios, que no rechazó mi oración, ni me negó su amor!

¿Qué hace Dios por aquellos que no aprecian el pecado en sus corazones?

_____

_____

3. Salmo 102:17 - "Atenderá a la oración de los desamparados, y no desdeñará sus ruegos".

¿Qué hace Dios por los desamparados? _____

_____

4. Proverbios 15:8 - "El Señor aborrece las ofrendas de los malvados, pero se complace en la oración de los justos".

¿En la oración de quién agrada Dios? _____

_____

5. Mateo 21:22 - " –Si ustedes creen, recibirán todo lo que pidan en oración".

¿Qué pasa cuando pedimos con fe? _____

_____

6. Filipenses 4:6 - "No se inquieten por nada; más bien, en toda ocasión, con oración y ruego, presenten sus peticiones a Dios y denle gracias".

¿Qué debemos hacer en lugar de estar ansiosos? _____

_____

7. Colosenses 4:2 - "Dedíquense a la oración: perseveren en ella con agradecimiento".

¿Cómo puedes dedicarte a la oración? _____

_____

_____

8. Colosenses 4:12 - "Les manda saludos Epafras, que es uno de ustedes. Este siervo de Cristo Jesús está siempre luchando en oración por ustedes, para que, plenamente convencidos, se mantengan firmes, cumpliendo en toda la voluntad de Dios".

¿Qué hacía siempre Epafras? ¿Cuál fue su oración? _____

_____

_____

9. Santiago 5:13-16 - "¿Está afligido alguno entre ustedes? Que ore. ¿Está alguno de buen ánimo? Que cante alabanzas. [14] ¿Está enfermo alguno de ustedes? Haga llamar a los ancianos de la iglesia para que oren por él y lo unjan con aceite en el nombre del Señor. [15] La oración de fe sanará al enfermo y el Señor lo levantará. Y, si ha pecado, su pecado se le perdonará. [16] Por eso, confiese unos a otros sus pecados, y oren unos por otros, para que sean sanados. La oración del justo es poderosa y eficaz".

¿Cuándo debemos orar por nosotros mismos o por los demás? ¿Por qué?

_____

_____

_____

10. Hechos 10:30-31 - "Cornelio contestó: –Hace cuatro días a esta misma hora, las tres de la tarde, estaba yo en casa orando. De repente apareció delante de mí un hombre vestido con ropa brillante [31] y me dijo: 'Cornelio, Dios ha oído tu oración y se ha acordado de tus obras de beneficencia'".

¿Quién escuchó la oración de Cornelio y se acordó de sus obras de

beneficencia? _____

APLICACIÓN

Un ejercicio de comprensión auditiva (10 a 15 minutos): En la página siguiente, complete la fecha junto a la frase "Jesús, por eso te amo tanto". Luego, tómate un momento para compartir con Jesús por escrito por qué lo amas. Luego cierra los ojos y calma tu corazón y tu mente ante Dios. Imagínese como un niño de ocho años y escuche lo que Él dice en respuesta. Con una fe infantil, fija tu mente en Jesús y escribe un breve párrafo de pensamientos espontáneos sobre lo que escuchas que Dios te dice. (Deje un espacio entre sus pensamientos escritos y lo que Dios le dice en respuesta).

Si tiene tiempo, hagan este ejercicio juntos durante su devocional. Tómese unos minutos y hágalo por separado utilizando el espacio abajo. Discuta lo que escuchó que Dios le dijo a cada uno de ustedes. Termine su tiempo en oración. Asegúrese de hacer este ejercicio al menos una vez durante la semana, usando esta página o diario para escribir su respuesta.

Fecha: _____

"Jesús, por eso te amo tanto".

PRÓXIMOS PASOS

Lectura de la Biblia para esta semana

Juan 16 al 21. ¡Lea seis capítulos esta semana para terminar este libro! Utilice las siguientes preguntas (OIA) mientras piensa y medita sobre lo que lee.

Observación

¿Qué dice? (Responda preguntas como: ¿Quién está involucrado en la historia? ¿Qué está sucediendo? ¿Dónde se lleva a cabo la historia o la enseñanza: en una ciudad, junto al lago, en el desierto? Jesús está enseñando a través de una parábola, usando las Escrituras o respondiendo una pregunta que alguien le hizo? ¿Está enseñando a sus 12 discípulos, multitudes, líderes religiosos? ¿Qué tipo de milagros ocurrieron y por qué?)

Interpretación

¿Que significa eso? (Responda preguntas como: ¿cómo fueron interpretadas estas observaciones por Jesús, las personas presentes o por los lectores en ese momento? Recuerde esta regla de interpretación: las Escrituras no pueden significar para nosotros hoy lo que nunca significaron para las personas en el primer siglo).

Aplicación

¿Qué significa esto para mí? (Responda preguntas como: ¿Cómo puede aplicar esto a su vida, circunstancias u otras personas?) Escriba lo que ha aprendido de Dios o acerca de Dios.

Oración

Ore de 5 a 10 minutos al día durante esta semana. Simplemente habla con Dios como si fueras un amigo cercano. Agradécele por su nueva vida, pídale que lo guíe durante el día, ore por sus necesidades y pídale que bendiga a las personas que lo rodean.

Siga orando por las tres personas que enumeró en el Paso 2 para que conozcan a Jesús. Ore para tener la oportunidad de compartir su historia de cómo conoció a Jesús con ellos.

Tómese un día libre esta semana y ore durante 20 minutos. Utilice el acrónimo ACSA:

Adoración
Adora a Dios por quien es: Creador, Todopoderoso, Dios Santo, Salvador, Redentor, Padre, Amigo, etc. Después de adorar, tómese el tiempo para estar en silencio y escucharlo.

Confesión
Confiesa todos tus pecados y perdona a cualquiera que haya pecado contra ti.

Súplica
Ore por sus necesidades y las necesidades de los demás.

Acción de gracias
Agradezca a Dios por su protección y provisión en su vida y en el mundo.

Paso 5

Caminando con el Espíritu Santo
Conociendo el Poder de Dios

PRIMEROS PENSAMIENTOS

El Espíritu Santo es Dios, no inferior a Dios - el Padre, o Jesús - el hijo, pero igual a Ellos en naturaleza y atributos. Debido a que el Espíritu Santo es Dios, Él es Omnipresente (presente en todas partes - Sl. 139:7-12), Omnisciente (lo sabe todo - 1 Cor. 2:9-10), Omnipotente (Todopoderoso - Sl. 104:30) y Eterno (Heb. 9:14). Como Jesús y Dios, el Padre, podemos tener una relación con el Espíritu Santo; podemos orarle a Él, así como podemos orar al Padre y a Jesús.

El Espíritu Santo es una persona, no un poder o una fuerza, y Su presencia está con nosotros ahora y para siempre. Es el Espíritu Santo quien vive dentro de nosotros cuando nos arrepentimos y aceptamos la sangre de Jesús como pago por nuestros pecados. Jesús les dijo a los discípulos que esperaran en Jerusalén hasta que fueran bautizados con el Espíritu Santo.

En Hechos 2:1-4, ciento veinte discípulos estaban en Jerusalén orando y todos fueron llenos del Espíritu Santo. Muchos de estos mismos discípulos fueron nuevamente llenos en Hechos 4:31. ¡Debemos pedirle constantemente a Dios que sea lleno del Espíritu Santo! Alguien le preguntó al gran evangelista estadounidense del siglo XIX, DL Moody, "¿Por qué necesitamos nuevas llenuras del Santo?" Su respuesta, "porque tenemos goteras".

UNA MIRADA A LA PALABRA

1. El Espíritu Santo da la vida

Salmo 104:29-30 - "Si escondes tu rostro, se aterran; si les quitas el aliento, mueren y vuelven al polvo. [30] Pero, si envías tu Espíritu, son creados, y así renuevas la faz de la tierra".

¿Qué sucede cuando Dios respira (envia) Su Espíritu? _____

_____

2. El Espíritu Santo nos libera

Romanos 8:1-2 – "Por lo tanto, ya no hay ninguna condenación para los que están unidos en Cristo Jesús, [2] pues por medio de él la ley del Espíritu de vida me ha liberado de la ley del pecado y de la muerte".

¿De qué nos libra el Espíritu Santo? _____

_____

3. El Espíritu Santo da poder al servicio

Hechos 1:8 – "Pero, cuando venga el Espíritu Santo sobre ustedes, recibirán poder y serán mis testigos tanto en Jerusalén como en toda Judea y Samaria, y hasta los confines de la tierra".

¿Para qué servicio da poder el Espíritu Santo? _____

_____

4. El Espíritu Santo es un hacedor de milagros y da dones espirituales.

Mateo 12:28 – " –En cambio, si expulso a los demonios por medio del Espíritu de Dios, eso significa que el reino de Dios ha llegado a ustedes".

¿Cómo expulsó Jesús a los demonios?_____

1 Corintios 12:8-11 - "A unos Dios les da por el Espíritu palabra de sabiduría; a otros, por el mismo Espíritu, palabra de conocimiento; [9] a otros, fe, por ese mismo Espíritu, dones de sanar enfermos; [10] a otros, poderes milagrosos; a otros, profecía; a otros, el discernir espíritus; a otros, el hablar en diversas lenguas. [11] Todo esto lo hace un mismo y único espíritu, quien reparte a cada uno según él lo determina".

Enumere los tipos de dones que podemos recibir a través del Espíritu

Santo: _____

_____

_____

5. El Espíritu Santo dirige y guía al pueblo de Dios.

Gálatas 5:16, 22-23 - "[16] Así que les digo: Vivan por el espíritu, y no seguirán los deseos de la naturaleza pecaminosa. [22] En cambio, el fruto del Espíritu es amor, alegría, paz, paciencia, amabilidad, bondad, fidelidad, [23] humildad, dominio propio. No hay ley que condene estas cosas."

¿Qué sucede cuando caminas por el Espíritu? ¿Qué se produce?

_____

_____

Romanos 8:5, 14 - Los que viven conforme a la naturaleza pecaminosa fijan la mente en los deseos de tal naturaleza; en cambio, los que viven conforme al Espíritu fijan la mente en los deseos del Espíritu. [14] Porque todos los que son guiados por el Espíritu de Dios, son hijos de Dios.

¿Cómo se refiere Dios a los que son guiados por el Espíritu?_____

6. El Espíritu Santo purifica

1 Corintios 6:11 - "Y eso eran algunos de ustedes. Pero ya han sido

lavados, ya han sido santificados, ya han sido justificados en el nombre del Señor Jesucristo y por el Espíritu de nuestro Dios".

¿Por quién hemos sido purificados en el nombre del Señor Jesucristo?

_____

_____

7. El Espíritu Santo trae revelación

2 Pedro 1:20-21 – "Ante todo, tengan muy presente que ninguna profecía de la Escritura surge de la interpretación particular de nadie, [21] porque la profecía no ha tenido su origen en la voluntad humana, sino que los profetas hablaron de parte de Dios, impulsados por el Espíritu Santo".

¿Cómo produjeron los hombres las Escrituras? _____

_____

_____

8. El Espíritu Santo manifiesta el reino de Dios

Romanos 14.17 – "Porque el Reino de Dios no es cuestión de comidas o bebidas, sino de justicia, paz y alegría en el Espíritu Santo".

¿Cómo manifiesta el Espíritu Santo el reino de Dios? _____

_____

_____

9. El Espíritu Santo habita con nosotros

1 Juan 4:13 – "¿Cómo sabemos que permanecemos en él, y que él permanece en nosotros? Porque nos ha dado de su Espíritu".

¿Cómo sabemos que permanecemos con Dios y Él con nosotros ahora?

_____

_____

10. El Espíritu Santo da entendimiento.

Juan 14:26 - "Pero el Consolador, el Espíritu Santo, a quien el Padre enviará en mi nombre, les enseñará todas las cosas y les hará recordar todo lo que les he dicho".

Juan 16:13 - "Pero, cuando venga el Espíritu de la verdad, porque no hablará por su propia cuenta, sino que dirá solo lo que oiga y les anunciará las cosas por venir".

¿Cómo nos dará el Espíritu Santo entendimiento en cada escritura?

_____

_____

_____

11. El Espíritu trae unidad

Efesios 4:1-3 - "Por eso yo, que estoy preso por la causa del Señor, les ruego que vivan de una manera digna del llamamiento que han recibido, ²siempre humildes y amables, pacientes, tolerantes unos con otros en amor. ³Esfuércense por mantener la unidad del Espíritu mediante el vínculo de la paz".

Cuando caminamos con humildad, bondad y paciencia, amándonos unos a otros ¿cuál es el resultado? _____

_____

_____

12. Respuestas negativas al Espíritu Santo:

* Hechos 7:51 - " –¡Tercos, duros de corazón y torpes de oídos! Ustedes son iguales que sus antepasados; ¡Siempre resisten al Espíritu Santo!"
* Efesios 4:30 – "No agravien al Espíritu santo de dios, con el cual fueron sellados para el día de la rendición".
* 1 Tesalonicenses 5:19 – "No apaguen el Espíritu".
* Hechos 5:3 - " –Ananías – le reclamó Pedro– , ¿Cómo es posible que Satanás haya llenado tu corazón para que le mintieras al Espíritu Santo y te quedaras con parte del dinero que recibiste por el terreno?"
* Lucas 12:10 – " –Y todo el que pronuncie alguna palabra contra el Hijo del hombre será perdonado, pero el que blasfeme contra el Espíritu Santo no tendrá perdón".

¿Cuáles son algunas de las cosas negativas que podemos hacer contra el Espíritu Santo? _____

_____

_____

_____

APLICACIÓN

Escriba la fecha de hoy y cualquier cosa que pueda necesitar del Espíritu Santo: dirección, guía, comprensión de las Escrituras, milagro, sanidad, unidad, pureza o cualquier otra cosa. Ore para que el Espíritu Santo lo llene en este momento y le dé fe al anteponer sus necesidades a Dios. ¿Dios te dio fe o seguridad? Si su oración es respondida, regrese aquí y escriba la fecha en que fue respondida.

PRÓXIMOS PASOS

Lectura de la Biblia para esta semana

Si está leyendo la Biblia, un capítulo al día durante cinco días a la semana, ya debe haber terminado el evangelio de Juan. Si no ha terminado el evangelio de Juan, termine esta semana. Si ha terminado el evangelio de Juan, comience a leer 1 Juan en el Nuevo Testamento. Se encuentra cerca del final del Nuevo Testamento. Tiene solo cinco capítulos y, por lo tanto, debes terminar esta semana. Siga haciendo preguntas de OIA mientras piensas y medita sobre lo que lee.

Nota: ¿Qué dice?
Interpretación: ¿Qué significa esto?
Aplicación: ¿Qué significa esto para mí?

Oración

Trate de orar cada 10 a 15 minutos todos los días. Utilice el acrónimo ACSA:

Adoración
Adora a Dios por quien es: Creador, Todopoderoso, Dios Santo, Salvador, Redentor, Padre, Amigo, etc. Después de adorar, tómese el tiempo para estar en silencio y escucharlo.

Confesión
Confiesa todos tus pecados y perdona a cualquiera que haya pecado contra ti.

Súplica
Ore por sus necesidades y las necesidades de los demás.

Acción de gracias
Agradezca a Dios por su protección y provisión en su vida y en el mundo.

Siga orando por las tres personas que enumeró en la segunda semana para conocer a Jesús. Ore para tener la oportunidad de compartir con ellos su testimonio de cómo conoció a Jesús.

Ayuna (no comas) una comida (desayuno, almuerzo o cena) esta semana y reserve ese tiempo para orar.

El ayuno es una disciplina espiritual que los creyentes combinan con la oración. Revela lo que nos controla y nos ayuda a enfocarnos en Dios. Esto es especialmente útil en tiempos de crisis o cuando necesitamos urgentemente una respuesta de Dios. Jesús promete que cuando ayunamos, recibimos una recompensa (Mt 6:18).

Paso 6

Caminando con la Iglesia
Conociendo a Dios a través de la Comunidad

PRIMEROS PENSAMIENTOS

En un sentido general, la iglesia es la comunidad de todos los verdaderos creyentes, compuesta por aquellos que son verdaderamente salvos, para siempre. El término iglesia se puede aplicar a un grupo pequeño, una congregación local o la iglesia en todo el mundo. No es un edificio, sino que consta de personas que forman un cuerpo en relación con Dios y entre sí. La iglesia se menciona en las Escrituras como una familia (1 Timoteo 5: 1-2; Mateo 12:49-50; 2 Corintios 6:18), la novia de Cristo (Efesios 5:32; Apocalipsis 19:7-9), un nuevo templo de piedras vivas (1 Pedro 2:4 -8), un sacerdocio santo (1 Pedro 2:5), la casa de Dios (1 Timoteo 3:15) y el cuerpo de Cristo (1 Corintios 12:12-27).

Como la iglesia es el pueblo de Dios, es importante pasar tiempo con otros creyentes para que podamos crecer y ser animados en nuestra fe, aprender sobre la importancia del bautismo y el compañerismo y estudiar la Biblia juntos, orar, confesar nuestros pecados y nutrirse unos a otros hasta la madurez. Como parte de la iglesia, ministramos a Dios mediante la adoración y la obediencia a sus enseñanzas; ministramos a los creyentes sirviendo y dando nuestro tiempo, talentos y dones, y ministramos al mundo a través del evangelismo y la misericordia.

La iglesia cristiana tiene como objetivo ser una comunidad amorosa de creyentes que se reúnen regularmente para participar en diversas formas de adoración, lectura y enseñanza pública de las Escrituras y oración corporativa. Dado que el pueblo de Dios, la iglesia, es una comunidad guiada por el Espíritu, se recomienda el uso de los dones espirituales siempre que haya orden en el servicio.

UNA MIRADA A LA PALABRA

1. Mateo 16:18 – " –Y yo (Jesús) te digo que tú eres Pedro, y sobre esta piedra edificaré mi iglesia, y las puertas del reino de la muerte no prevalecerán contra ella". (paréntesis agregado)

¿Quién edifica la iglesia? _____

2. Hechos 11:19-26 - "Los que habían sido dispersados a causa de la persecución que se desató hasta Fenicia, Chipre y Antioquía, sin anunciar a nadie el mensaje excepto a los judíos. [20] Sin embargo, había entre ellos algunas personas de Chipre y de Cirene que, al llegar a Antioquía, comenzaron a hablarles también a los de habla griega, anunciándoles las buenas nuevas acerca del Señor Jesús. [21] El poder del Señor estaba con ellos, y un gran número creyó y se convirtió al Señor. [22] La noticia de estos sucesos llegó a oídos de la iglesia de Jerusalén, y mandaron a Bernabé a Antioquía. [23] Cuando él llegó y vio las evidencias de la gracia de Dios, se alegró y animó a todos a hacerse el firme propósito de permanecer fieles al Señor, [24] pues era un hombre bueno, lleno del Espíritu Santo y de fe. Un gran número de personas aceptó al Señor. [25] Después partió Bernabé para Tarso en busca de Saulo, [26,] y cuando lo encontró, lo llevó a Antioquía. Durante todo un año se reunieron los dos con la iglesia y enseñaron a mucha gente. Fue en Antioquía donde a los discípulos se les llamó <cristianos> por primera vez.

¿Quién envió a Bernabé a Antioquía? _____

¿A quién enseñaron Bernabé y Saulo durante todo un año?_____

3. Hechos 12:5 - "Pero, mientras mantenían a Pedro en la cárcel, la iglesia oraba constante y fervientemente a Dios por él".

¿Quién estaba orando por Pedro cuando estaba en prisión?_____

4. Hechos 15:1-5 – "Algunos que habían llegado de Judea a Antioquía se pusieron a enseñar a los hermanos: 'A menos que ustedes se circunciden, conforme a la tradición de Moisés, no pueden ser salvos'. [2] Esto provocó un altercado y un serio debate de Pablo y Bernabé con ellos. Entonces se decidió que Pablo y Bernabé, y algunos otros creyentes, subieran a Jerusalén para tratar este asunto con los apóstoles y los ancianos. ³ Enviados por la iglesia, al pasar por Fenicia y Samaria contaron cómo se habían convertido los gentiles. Estas noticias llenaron de alegría a todos los creyentes. ⁴ Al llegar a Jerusalén, fueron recibidos tanto por la iglesia como por los apóstoles y los ancianos, a quienes informaron de todo lo que Dios había hecho por medio de ellos. ⁵ Entonces intervinieron algunos creyentes que permanecían a la secta de los fariseos y afirmaron: O –Es necesario circuncidar a los gentiles y exigirles que obedezcan la ley de Moisés".

¿Quién envió a Pablo y Bernabé a Jerusalén? _____

¿Quién recibió a Pablo y Bernabé en Jerusalén? _____

5. Efesios 3:10 – "El fin de todo esto es que la sabiduría de Dios, en toda su diversidad, se dé a conocer ahora, por medio de la iglesia, a los poderes y autoridades en las regiones celestiales.

¿Quién da a conocer la sabiduría de Dios? _____

¿Por qué? _____

_____

6. 1 Timoteo 3:14-15 - "Aunque espero ir pronto a verte, escribo estas instrucciones para que, ¹⁵ si me retraso, sepas cómo hay que portarse en la casa de Dios, que es la iglesia del Dios viviente, columna y fundamento de la verdad".

¿Qué describe la iglesia del Dios viviente? _____

_____

_____

¿Cuál es el propósito de una columna y un fundamento? _____

_____

_____

¿Cómo a iglesia es una columna e un fundamento? _____

_____

_____

7. Efesios 5:25 – "Esposos, amen a sus esposas, así como Cristo amó a la iglesia y se entregó por ella".

¿Qué hizo Cristo por la iglesia para mostrar su amor? _____

_____

_____

8. Filipenses 4:15 - "Y ustedes mismos, filipenses, saben que en el principio de la obra del evangelio, cuando salí de Macedonia, ninguna iglesia participó conmigo en mis ingresos y gastos, excepto ustedes".

¿Quién dio a Pablo y satisfizo sus necesidades? _____

_____

9. Colosenses 1:18 – "Él es la cabeza del cuerpo, que es la iglesia. Él es el principio, el primogénito de la resurrección, para ser en todo el primero".

¿Jesús es la cabeza de qué cuerpo? _____

_____

10. Colosenses 4:15 – "Saluden a los hermanos que están en Laodicea, como también a Ninfa y a la iglesia que se reúne en tu casa".

¿Quién está en la casa de Ninfa? _____

_____

11. Hebreos 10:24-25 - "Preocupémonos los unos por los otros, a fin de estimularnos al amor y las buenas obras. [25] No dejemos de congregarnos, como acostumbran hacerlo algunos, sino animémonos unos a otros, y con mayor razón ahora que vemos que aquel día se acerca".

¿Qué debe hacer la iglesia? _____

_____

_____

APLICACIÓN

Podemos ver en estos versículos de las Escrituras que la iglesia no es un edificio, sino un grupo de personas que se reúnen, adoran y enseñan, oran unos por otros, satisfacen las necesidades de los demás y se animan mutuamente a amar y hacer buenas acciones. Jesús es la cabeza de la iglesia y se entregó por ella. Los creyentes, alineados con la iglesia, demuestran la multiforme sabiduría de Dios al mundo y a los gobernantes y autoridades en los lugares celestiales.

Si bien cada miembro individual del cuerpo puede mostrar amor y hacer buenas obras, lo hacemos mejor cuando trabajamos en equipo, como la iglesia. A través de la enseñanza y el estudio de la Biblia, en grupos grandes y pequeños, nos animamos unos a otros a conocer a Dios, aprender a rechazar el pecado, ministrar y atender las necesidades de los demás, y buscar informar al mundo acerca de Jesús y las buenas nuevas palabras de salvación. Esto es hacer discípulos. ¡Y a medida que cada miembro individual se convierte en un discípulo fuerte, la iglesia se vuelve más fuerte y más capaz de alcanzar al mundo con el evangelio!

Aquí hay algunas formas en las que puede convertirse en una parte reveladora de una iglesia local, además de asistir el domingo:

- **Conviértase en un participante constante** en los servicios de la iglesia y en grupos pequeños.
- **Considere la posibilidad de guiar a otra persona a** través de este estudio. **Ore por alguien en su iglesia, por una necesidad o ministerio que tiene la iglesia.** (Escriba por qué oró). ¿Hay alguna manera de que usted sea la respuesta a su oración sirviendo?
- **Empiece a dar algo financiero** a la iglesia. Si puede, dé una décima

parte de sus ingresos.

- **Si hay un pecado con el cual estás luchando, confiesa** ese pecado a la persona que te guía a través de este estudio y pídele que ore por ti.
- **Si aún no se ha bautizado en agua,** hable con su pastor o con la persona que realiza este estudio con usted y vea si puede fijar una fecha para hacerlo.**Participe en la santa cena** siempre que se ofrezca en su iglesia.**¿Hay algo más que sienta que Dios** quiere que haga por la iglesia o por alguien en la iglesia? Escribe abajo y ora a Dios para que te ayude a ser fiel.

PRÓXIMOS PASOS

Lectura de la Biblia para esta semana

Si está dentro del horario de lectura de la Biblia, ha terminado el evangelio de Juan y el libro de 1 Juan. ¡Felicitaciones si ha terminado de leer! De lo contrario, termine al menos el evangelio de Juan inmediatamente. La constancia en la lectura de su Biblia es fundamental para su crecimiento espiritual. Siga haciendo preguntas de OIA mientras piensa y medita sobre lo que lee.

> **Observación:** ¿Qué dice?
> **Interpretación:** ¿Qué significa esto?
> **Aplicación:** ¿Qué significa esto para mí?

Si ha terminado de leer los libros de Juan y 1 Juan, puede seleccionar otro libro de la Biblia para leer. Por ahora, seleccione otro libro del Nuevo Testamento. Un libro bueno y más breve es Filipenses. Si desea leer acerca de la apasionante historia de la iglesia primitiva, lea el libro de los Hechos. Es un libro más largo, ¡pero te encantará!

Oración

Trate de orar todos los días durante al menos 15 minutos. Utilice el acrónimo ACSA:

Adoración

Adora a Dios por quien es: Creador, Todopoderoso, Dios Santo, Salvador, Redentor, Padre, Amigo, etc. Después de adorar, tómate un tiempo para estar en silencio y escucharlo.

Confesión

Confiesa todos los pecados y perdona a cualquiera que haya pecado contra ti.

Súplica

Ore por sus necesidades y las necesidades de los demás.

Acción de gracias

Agradezca a Dios por su protección y provisión en su vida y en el mundo.

Continúe orando por las tres personas que enumeró en la semana dos para que conozcan a Jesús. Ore para tener la oportunidad de compartir con ellos su testimonio de cómo llegó a conocer a Jesús.

Ayuno

Practique la disciplina de ayunar una comida o un día entero siempre que sea posible. Ore durante el tiempo que normalmente comería.

Respuestas

Paso 1: Caminando con Dios - Entendiendo la Salvación

1. Marcos 1:14-15 - Arrepiéntete y cree las buenas nuevas.

2. Juan 5:11-13
   - Dios
   - En Su Hijo
   - Quien tiene al Hijo
   - Quien no tiene al Hijo
   - Sepan
   - Cree en el nombre del Hijo de Dios.

3. Romanos 3:23 - No

4. Romanos 6:23
   - La paga que recibimos por el pecado es muerte.
   - La dádiva de Dios es la vida eterna en Jesucristo nuestro Señor.

5. Romanos 10:9b-10
   - Confiesa con tu boca que Jesús es el Señor y cree en tu corazón que Dios lo levantó de los muertos.
   - Ambos son importantes porque cuando crees en tu corazón, eres justificado (legalmente, eres declarado inocente) y cuando confiesas con tu boca, eres salvo.

6. Efesios 2:8-9
   - Gracia
   - Dios
   - Para que nadie pueda jactarse

7. Hechos 26:18-20
   - Las tinieblas / la luz / del poder de Satanás / Dios.
   - Se arrepienten, se convierten a Dios y demuestran su arrepentimiento con sus buenas obras.

8. 1 Juan 3:9 - Todo aquel que nace de Dios no practica el pecado. No practica porque la semilla de Dios permanece en él.

APLICACIÓN - La diferencia entre sentir remordimiento por sus pecados y arrepentirse de sus pecados es que cuando se arrepiente, piensa de manera diferente y, como resultado, el arrepentimiento afectará su forma de pensar y, por lo tanto, su comportamiento. El simple hecho de sentir remordimiento por tus pecados no significa que tu forma de pensar y actuar cambie. Sentir pena por sus pecados solo significa que está triste por las consecuencias de su pecado, pero no necesariamente tiene la intención de cambiar.

Paso 2: Caminando con Jesús - Entendiendo el Evangelio

1. Colosenses 1:15-22
   - Jesús es la imagen del Dios invisible, el primogénito de toda la creación (v. 15). Él es el creador porque todo fue creado por Él y para Él (vs. 16). Él es anterior de todas las cosas, y de Él forman un todo coherente (v. 17). Él es la cabeza de la iglesia, el principio y el primogénito de la resurrección (vs. 18).
   - Por él todas las cosas fueron creadas, en el cielo y en la tierra, visibles e invisibles, ya sean tronos, soberanías, poderes o autoridades; todas las cosas fueron creadas por él y para él.
   - Toda la plenitud de Dios.
   - Él reconcilió todas las cosas consigo mismo, en la tierra o en el cielo, estableciendo la paz mediante la sangre que derramó en la cruz.
   - Estábamos alejados dos de Dios y eran enemigos en mente; nuestro procedimiento fue malo.
   - Te presentar a usted santo, intachable e irreprochable delante de él (libre de cualquier acusación).

2. Filipenses 2:3-11
   - Considerará a los demás como superiores a usted; buscará los intereses de los demás.
   - No consideró el ser como a Dios como algo a qué aferrarse (para ser guardado). Se rebajó voluntariamente, se convirtió en siervo y nació hombre. Como hombre, se hizo obediente hasta la muerte y sufrió la muerte en la cruz.
   - Dios lo exaltó hasta lo sumo (la posición más alta) y le dio el nombre que está sobre todo nombre. En el nombre de Jesús, toda rodilla se doblará en la tierra y debajo de la tierra, y toda lengua confiese que Jesucristo es el Señor.

Paso 3: Caminando en la Palabra - Conociendo a Dios a través de la Biblia

1. Hebreos 4:12
   - Vivaz y poderosa
   - Una espada penetra y divide la médula de los huesos. La palabra penetra y divide alma y espíritu, juzgando los pensamientos y las intenciones del corazón.

2. Salmo 119:105 - Una lámpara se encenderá y mostrará el camino y dónde puedes colocar tus pies. La palabra de Dios nos muestra cómo debemos caminar con Dios, amarlo, obedecerlo.

3. Salmo 119:130 - La palabra nos da luz y da entendimiento al sencillo.

4. Salmo 119:133 - Ningún pecado dominará sobre nosotros.

5. Salmo 119:160 - La palabra de Dios es verdadera y eterna. Significa que puedes confiar en ella. (Agregue todo lo que esto significa para usted.)

6. Isaías 40:8 – Secan y se marchitan. La Palabra permanece para siempre.

7. Isaías 55:10-11 - La Palabra de Dios no volverá vacía. Hará lo que Dios desea y cumplirá el propósito para el que lo envió.

8. Mateo 4:4 - Nuestra vida debe sustentarse de toda palabra que sale de la boca de Dios.

9. Lucas 11:28 - Oye la palabra y obedézcala.

APLICACIÓN - La lectura de la Biblia penetra en nuestra alma y juzga nuestros pensamientos e intenciones; despeja nuestro camino; nos da una idea; dirige nuestros pasos y evita que el pecado nos domine; revela la verdad; logra los propósitos de Dios; nos sostiene más que la comida; somos bendecidos cuando escuchamos y obedecemos.

Paso 4: Caminando en Oración - Conversando y Escuchando a Dios

1. Éxodo 33:11a - Dios le habló a Moisés cara a cara, como un hombre le habla a su amigo

2. Salmo 66:17-20 - Dios lo escucha.

3. Salmo 102:17 - Él atiende a tus oraciones.

4. Proverbios 15:8 - En la oración de los justos.

5. Mateo 21:22 - Recibes lo que pides en oración.

6. Filipenses 4:6 - Debemos orar y presentar nuestras peticiones a Dios.

7. Colosenses 4:2 - Por perseverar y estar agradecido.

8. Colosenses 4:12 – Epafras estaba Luchando por ellos en sus oraciones, para que se mantengan firmes, cumpliendo en toda la voluntad de Dios.

9. Santiago 5:13-16 - Debemos orar todo el tiempo – cuando estemos sufriendo, enfermos, hemos pecado o son felices. Oramos para que nosotros (u otros) podamos ser perdonados o sanados.

10. Hechos 10:30-31 - Dios.

Paso 5: Caminando con el Espíritu Santo - Conociendo el Poder de Dios

1. Salmo 104:29-30 - Las cosas son creadas y renovadas.

2. Romanos 8:1-2 - Somos libres de la ley del pecado y de la muerte.

3. Hechos 1:8 - Ser su testigo en todas partes de la tierra.

4. Mateo 12:28 - Por el Espíritu de Dios

   Corintios 12:8-11 - La palabra de sabiduría, la palabra de conocimiento, fe, dones de sanidad, poder para hacer milagros, profecía, discernimiento de espíritus, variedad de lenguas, interpretación de idiomas.

5. Gálatas 5:16, 22-23 - No seguirá los deseos de la naturaleza pecaminosa. Lo que se produce es amor, alegría, paz, paciencia, amabilidad, bondad, fidelidad, humildad y dominio propio. Romanos 8:5, 14 - Son hijos de Dios.

6. 1 Corintios 6:11 - Por el Espíritu de nuestro Dios.

7. 2 Pedro 1:20-21 - Por Dios, cómo fueron impulsados por el Espíritu Santo.

8. Romanos 14:17 - Por justicia, paz y alegría en el Espíritu Santo.

9. 1 Juan 4:13 - Porque nos dio de Su Espíritu.

10. Juan 14:26 - Enseñándote todas las cosas y haciéndote recordar todo lo que Él dijo. Juan 16: 13: Él te guiará a toda la verdad, porque te hablará lo que oiga de Dios.

11. Efesios 4:1-3 - Mantenemos la unidad del Espíritu mediante el vínculo de la paz.

12. Hechos 7:51 - Podemos resistir al Espíritu Santo.

Efesios 4:30 - Podemos agraviar al Espíritu Santo.

1 Tesalonicenses 5:19 - Podemos apagar el Espíritu Santo.

Hechos 5:3 - Podemos mentirle al Espíritu Santo.

Lucas 12:10 - Podemos blasfemar contra el Espíritu Santo.

Paso 6: Caminando con la Iglesia - Conociendo a Dios a través de la Comunidad

1. Mateo 16:18 - Jesús.
2. Hechos 11:19-26 - La iglesia en Jerusalén; la iglesia de Antioquía.
3. Hechos 12:5 - La iglesia.
4. Hechos 15:1-5 - La iglesia en Antioquía; la iglesia de Jerusalén.
5. Efesios 3:10 - La iglesia; para que llegue a ser conocido por los poderes y autoridades en las regiones celestiales.
6. 1 Timoteo 3:14-15
   - Una casa de Dios y una columna y fundamento de la verdad
   - Una columna sostiene el techo y las paredes de una estructura y un fundamento sostiene una columna, lo que le permite ser más fuerte y más alto.
   - La iglesia está llamada, cómo una columna e un fundamento, a mantenerse firme defendiendo la verdad del evangelio de Jesucristo, para que pueda crecer más alta e fuerte.
7. Efesios 5:25 - Jesús se entregó a sí mismo por la iglesia.
8. Filipenses 4:15 - La iglesia en Filipos.
9. Colosenses 1:18 - De la iglesia.
10. Colosenses 4:15 - La iglesia.
11. Hebreos 10:24-25 – A iglesia debe animarse unos a otros al amor y a las buenas obras, mientras se encuentran y se animan unos a otros.

SOBRE LOS AUTORES

Scott y Sherri Dalton se desempeñan como Directores Internacionales de Missio Global. Tienen 30 años de experiencia en la iniciación de iglesias y capacitación de liderazgo para el ministerio, incluidos más de catorce años en Brasil, donde plantaron una iglesia y lanzaron la primera Escuela Ministerial Internacional Missio Global. Scott y Sherri también se desempeñaron como profesores adjuntos en Kilimanjaro Christian College en Tanzania. Ambos tienen un doctorado en Summit Bible College. Los Dalton residen actualmente en los Estados Unidos y tienen cinco hijos adultos y seis nietos.

Sobre Missio Global

La Missio Global se asocia con iglesias de todo el mundo que brindan recursos para hacer discípulos, capacitar líderes y fundar iglesias. Nuestra visión es ver a cientos de iglesias entrenando a miles de líderes, alcanzando a millones de personas para Cristo en todo el mundo.

Escuela Ministerial Missio Global

La Escuela Ministerial Missio Global es una asociación entre Missio Global e iglesias de todo el mundo. Esta escuela es un valioso programa de capacitación de uno o tres años que las iglesias pueden usar para equipar a su congregación y desarrollar líderes emergentes.

La iglesia local anfitriona es el laboratorio donde los alumnos sirven y llevan a cabo proyectos ministeriales. En este entorno, los alumnos aprenden de la experiencia y sabiduría de los líderes de su iglesia. El objetivo de la escuela es crear una comunidad de aprendizaje fructífera en la iglesia local que desarrollará futuros líderes y finalmente plantará nuevas iglesias.

Las iglesias en nueve países están albergando una Escuela Ministerial Global Missio, con un plan de estudios actualmente en cinco idiomas.

Para obtener información sobre cómo organizar una Escuela de Ministerio de Missio Global, visite www.missioglobal.org

LA SERIE LA CRUZ

La Serie *La Cruz* es una serie de libros para el crecimiento cristiano con un enfoque en el discipulado y las primeras etapas del desarrollo del liderazgo. El material se utiliza mejor en relaciones de tutoría individuales o en grupos pequeños. La Serie *La Cruz* está diseñada como un camino de crecimiento que conduce a la Escuela Ministerial Missio Global basada en la iglesia. También se puede utilizar como material valioso para el discipulado cristiano en general. Los títulos incluyen:

El Cruce - *Primeros Pasos en su Caminar con Dios*

Fuego Cruzado - *Una Nueva Manera de Vivir (Libros 1 y 2)*

*9 7 8 1 7 3 6 1 5 1 5 3 2 *